CUISINES DU Monde

ADULTES COLORIAGE LIVRE FOOD EDITION

Coloring Bandit

Publié par Speedy Publishing Canada Limited

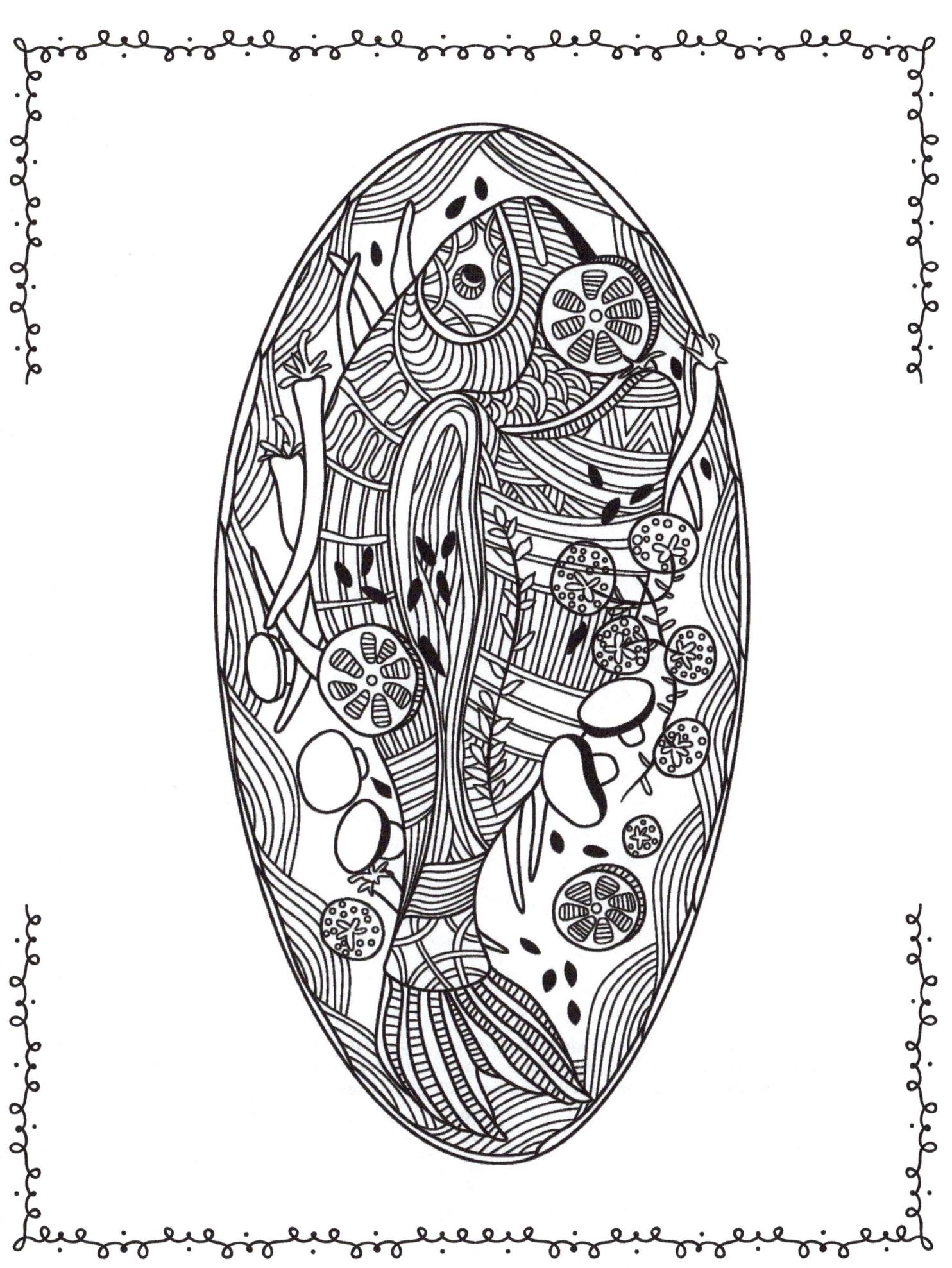

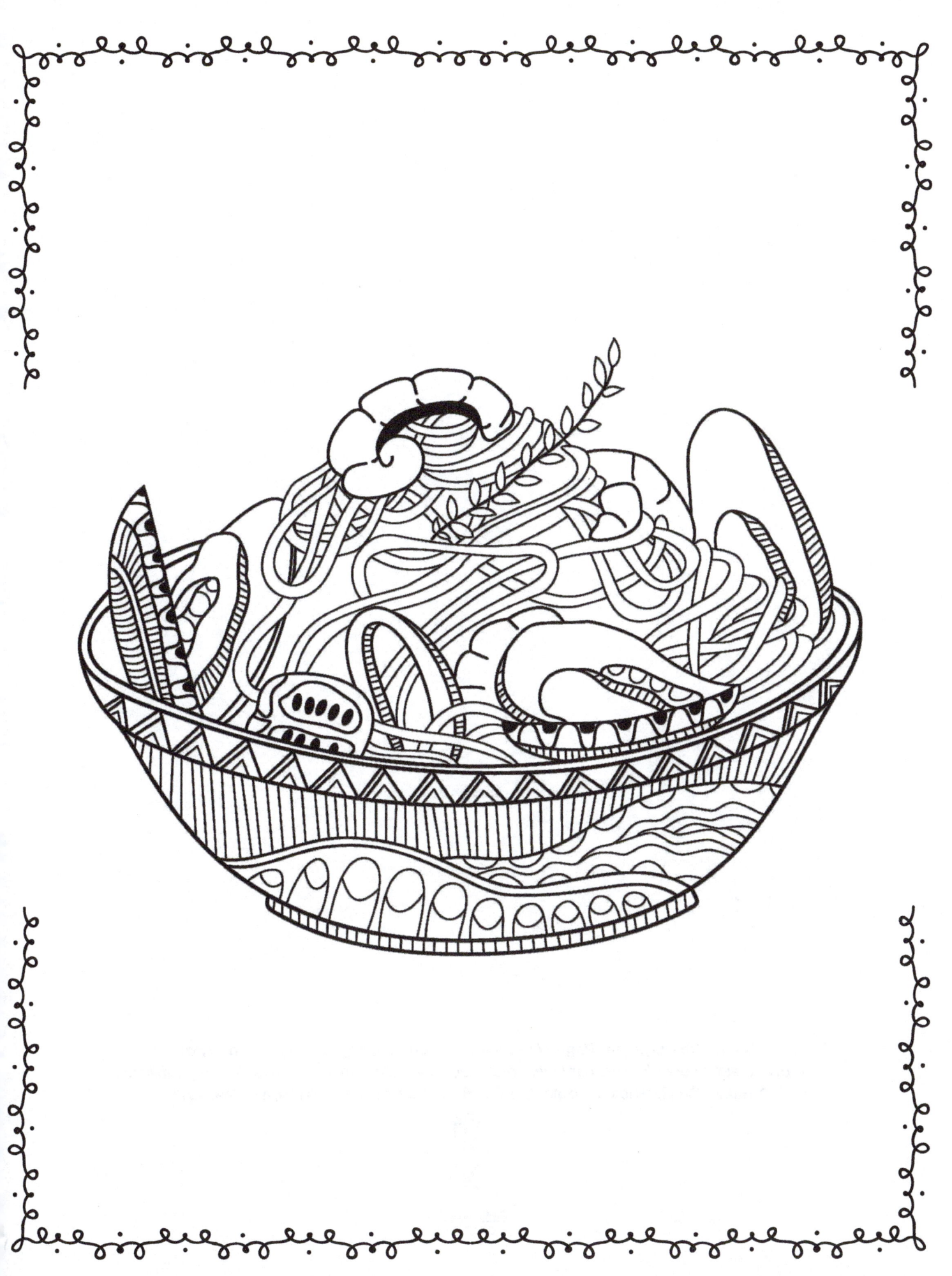

C'est une purge par Page si vous utilisez un coloriage feutre ou un stylo!
Trouver d'autres grands titres par la recherche de Coloriage Bandit sur Favorite livre détaillant
Amazon.Ca | Barnes & Noble (BN.Com) | J'ai Des Livres 1 Million (BAM.Com)

COLORING
BANDIT

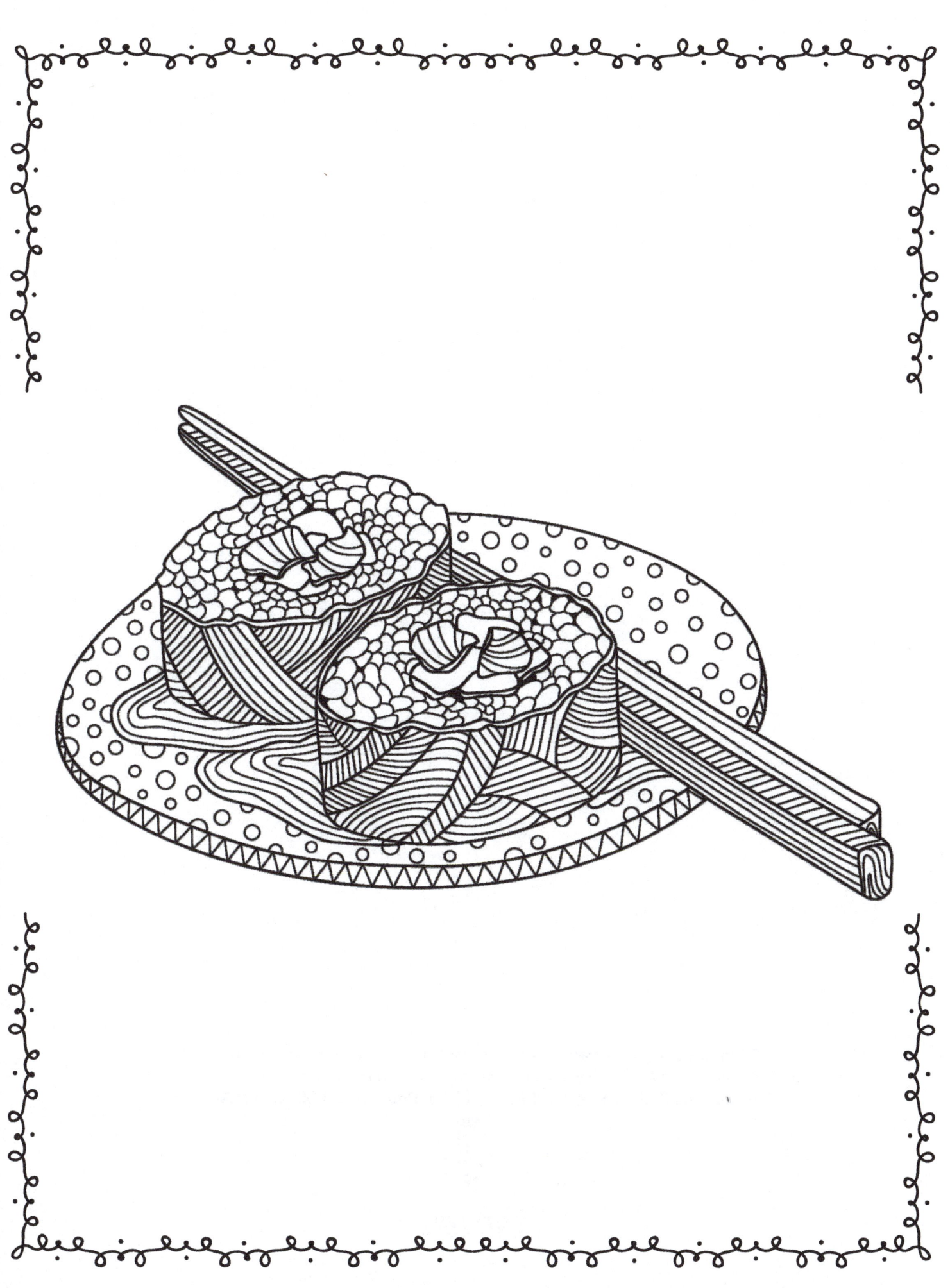

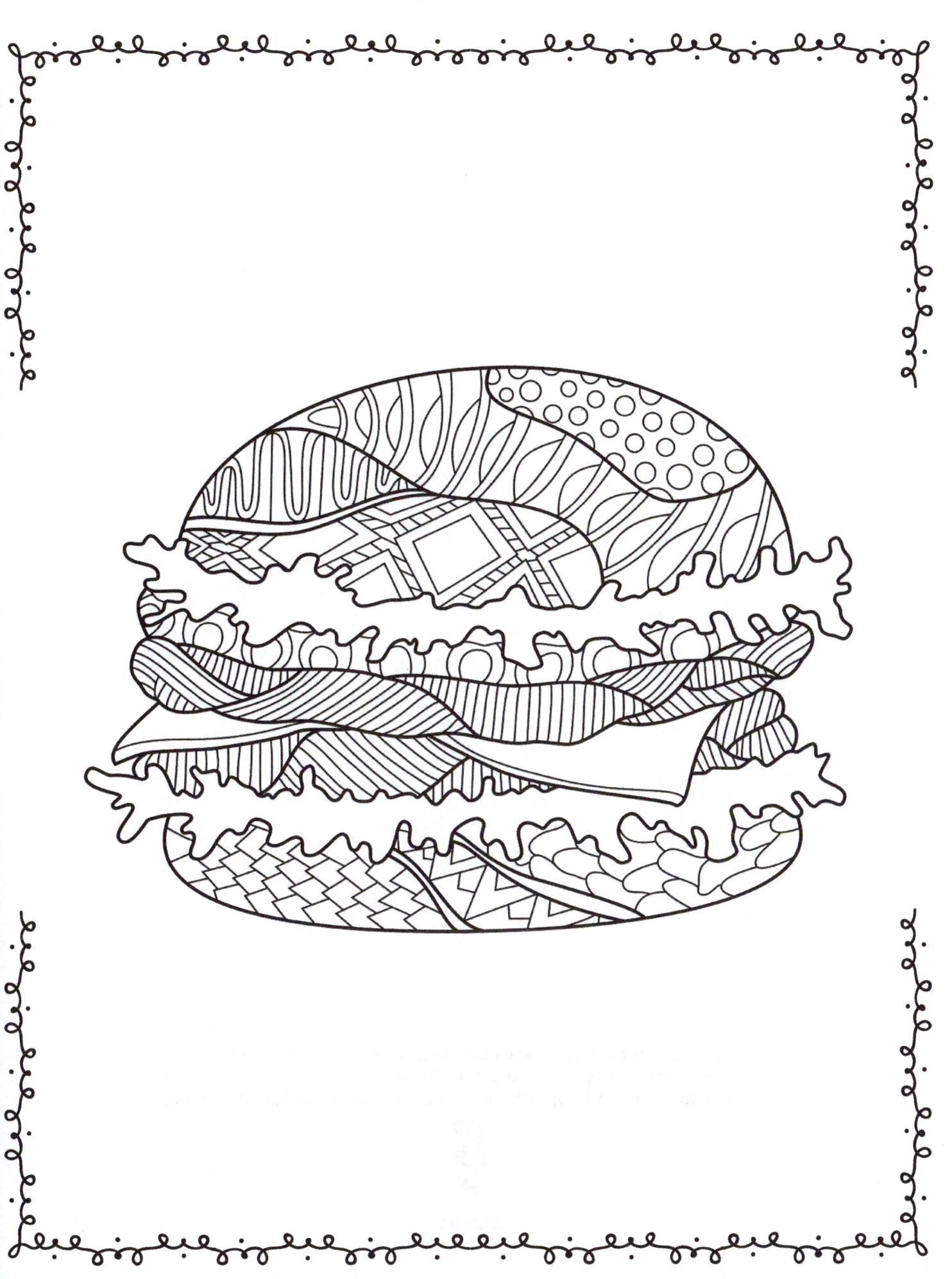

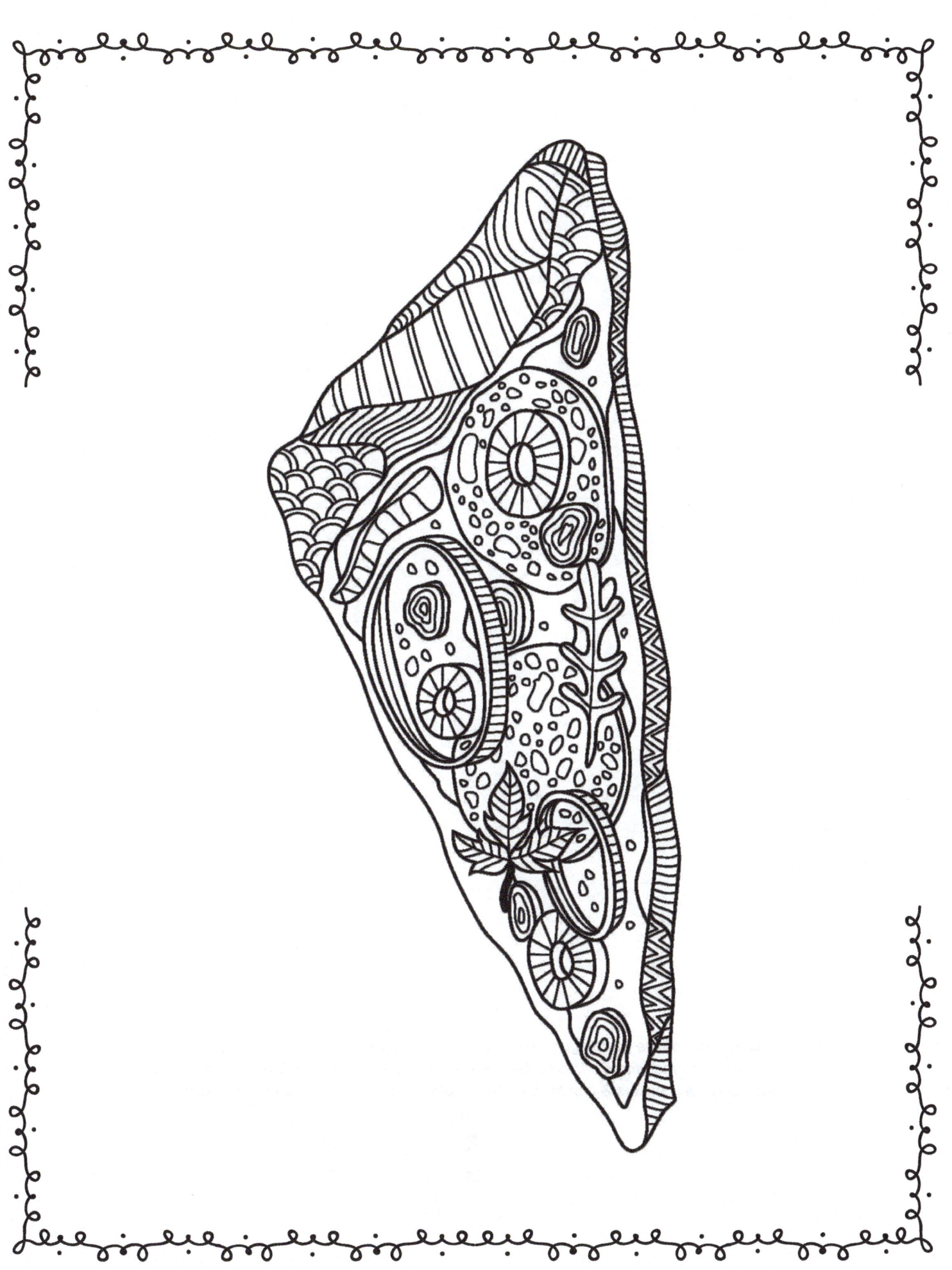

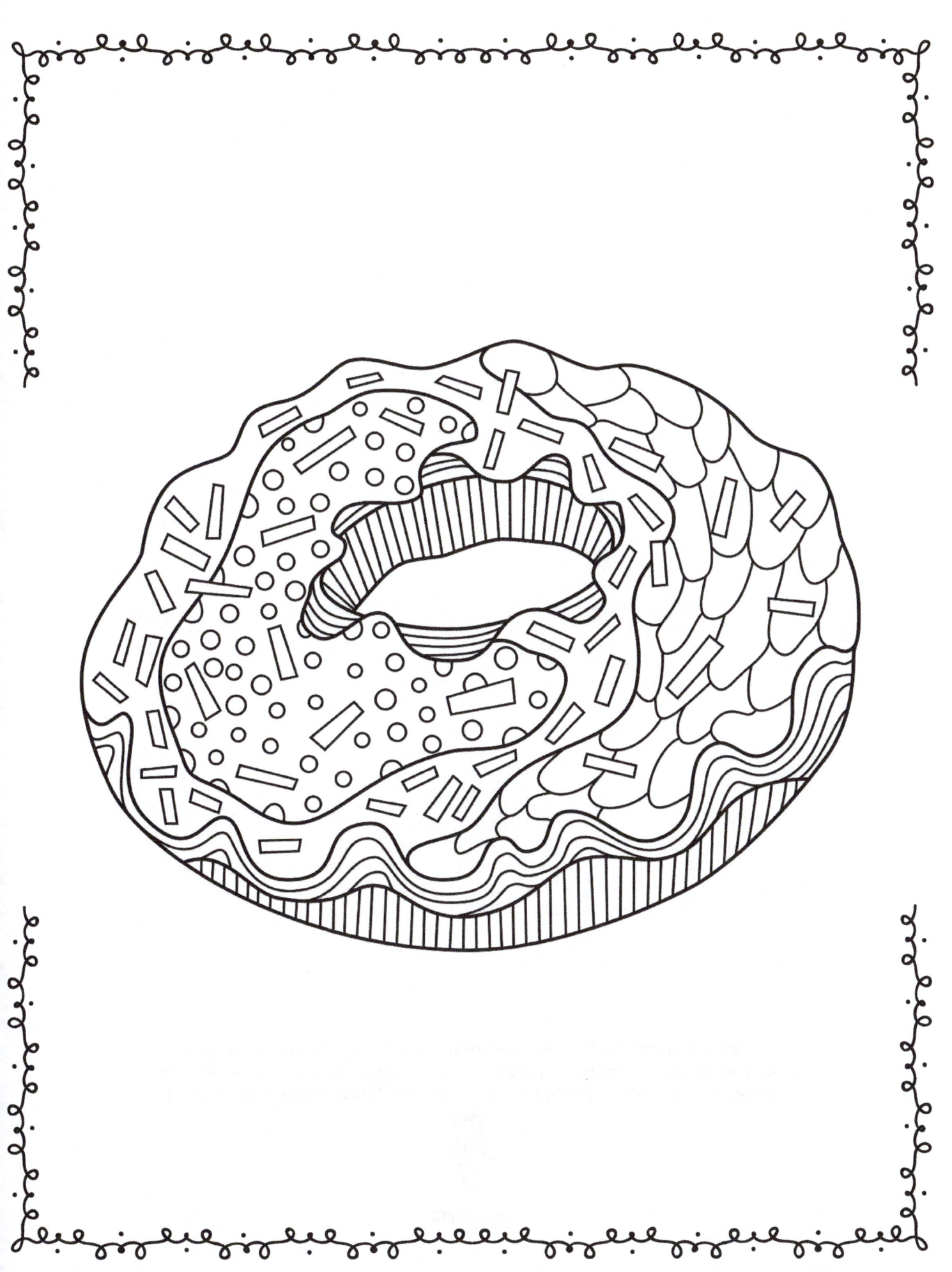

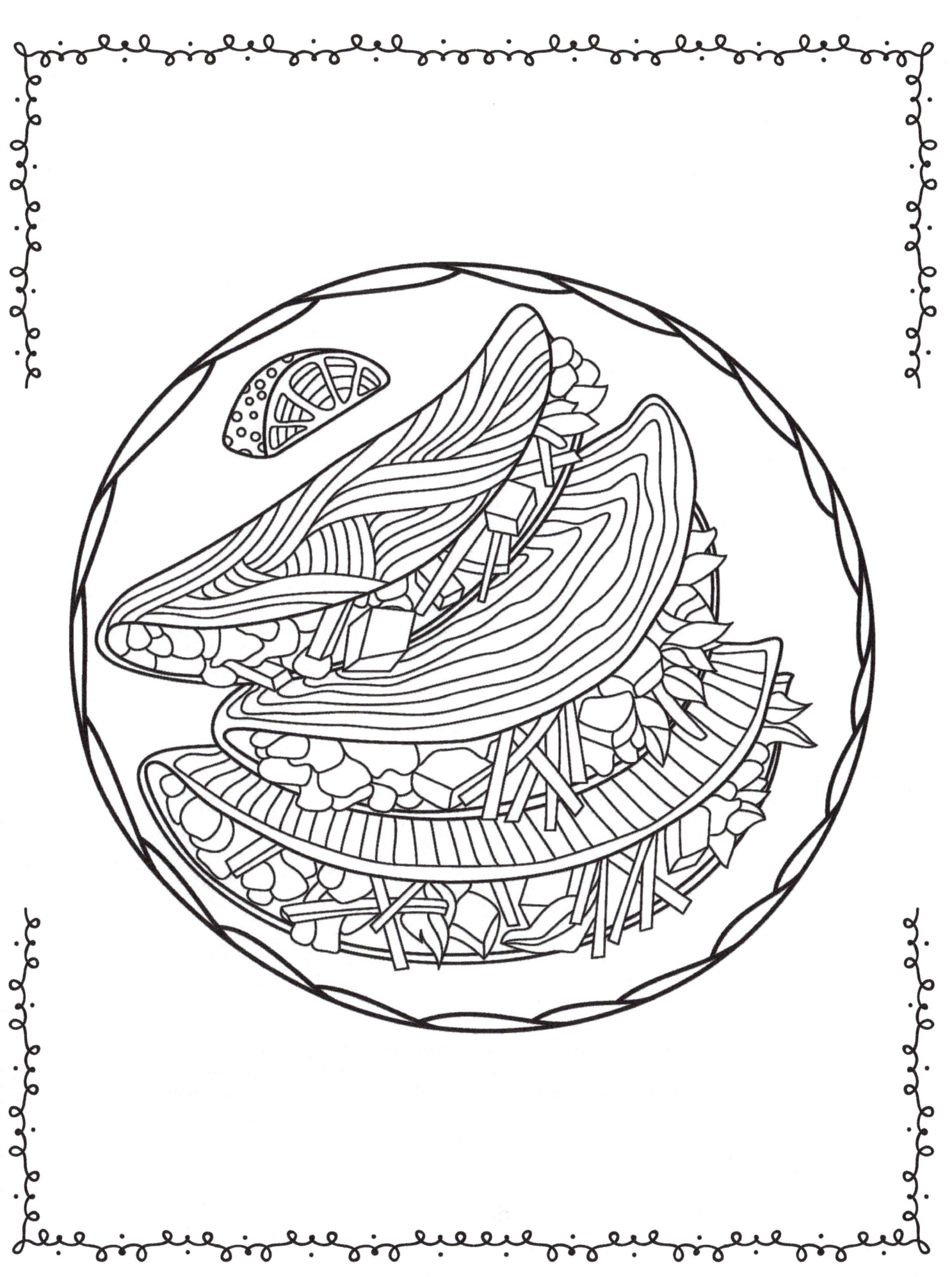

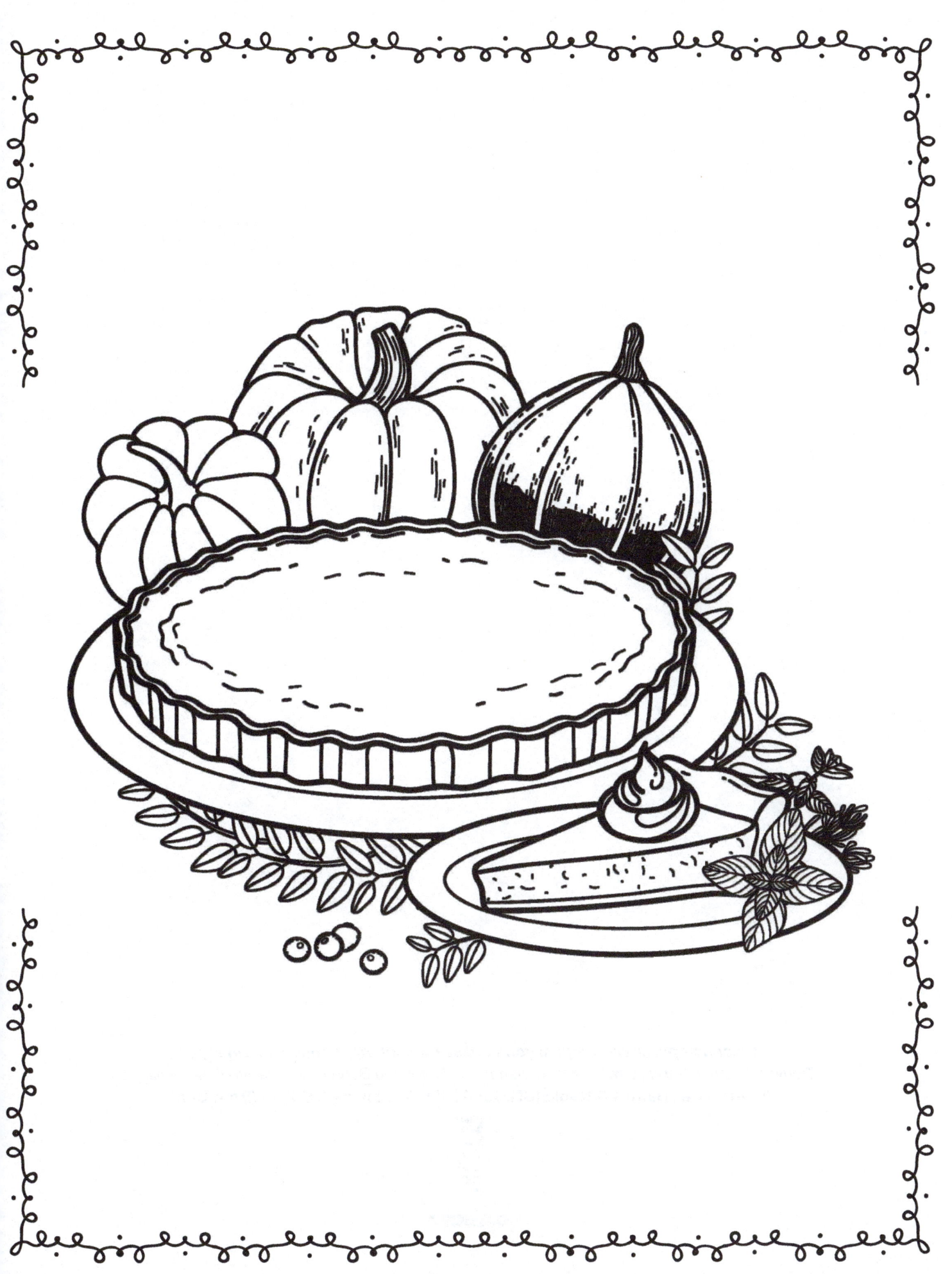

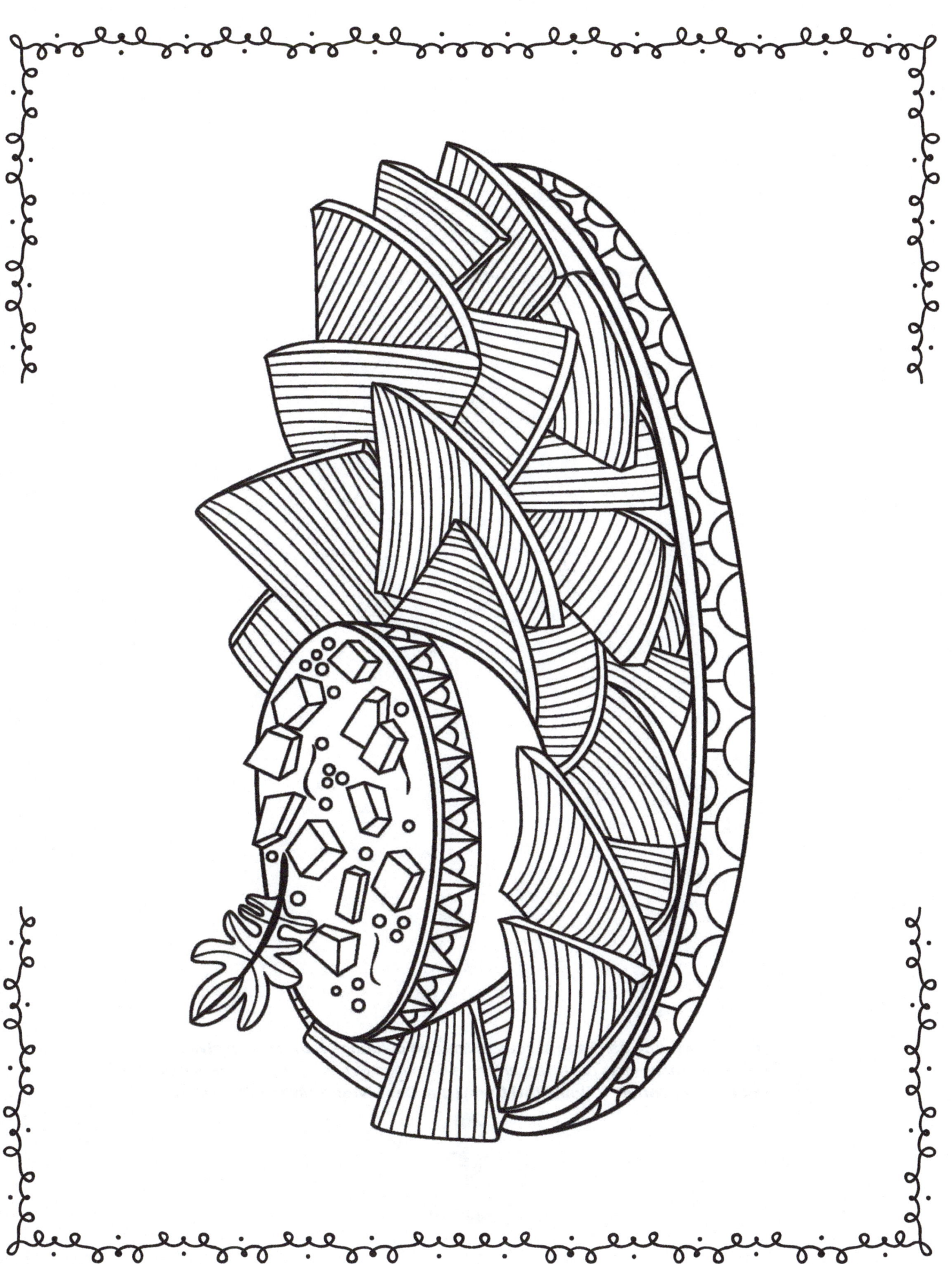

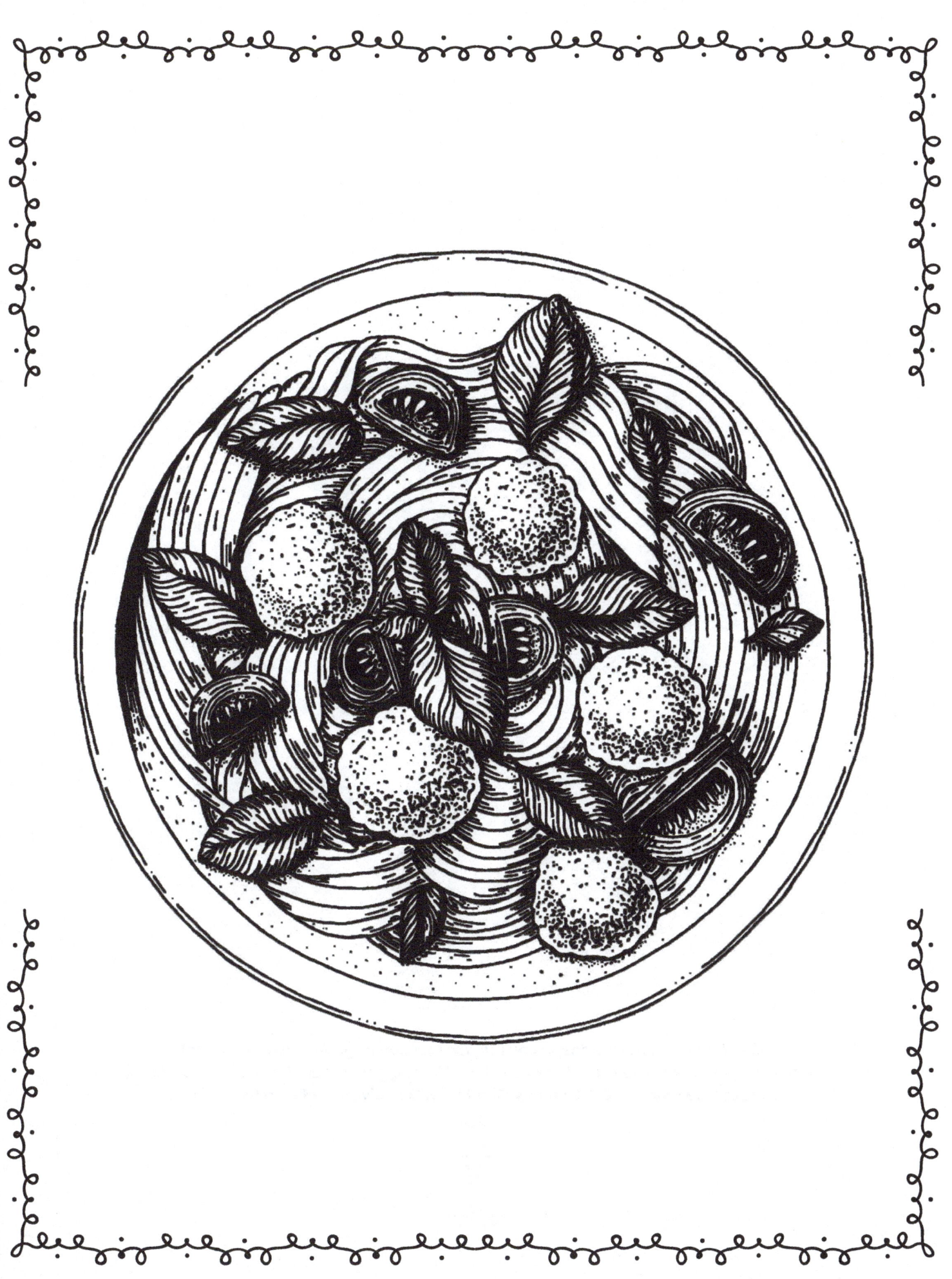

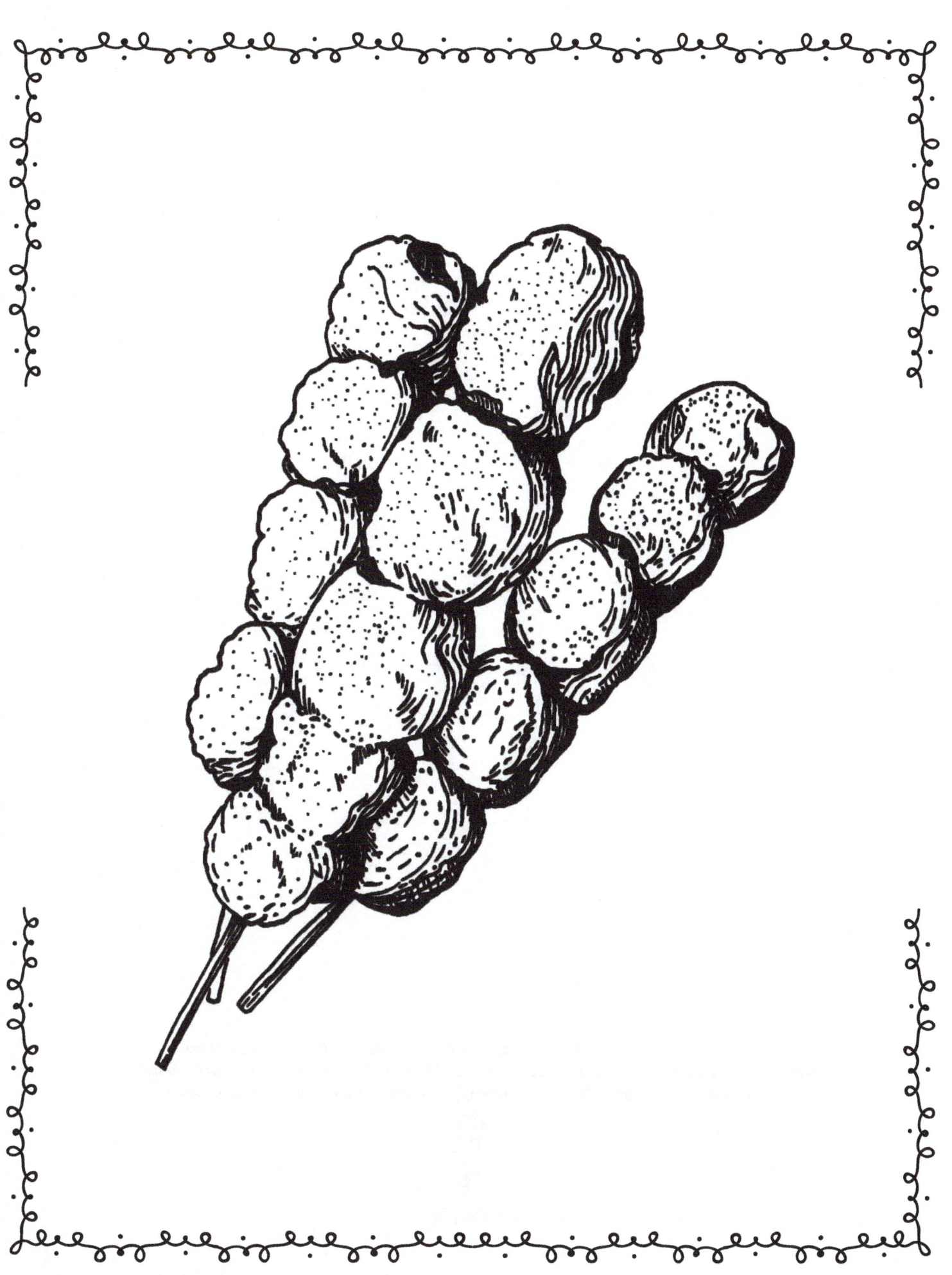

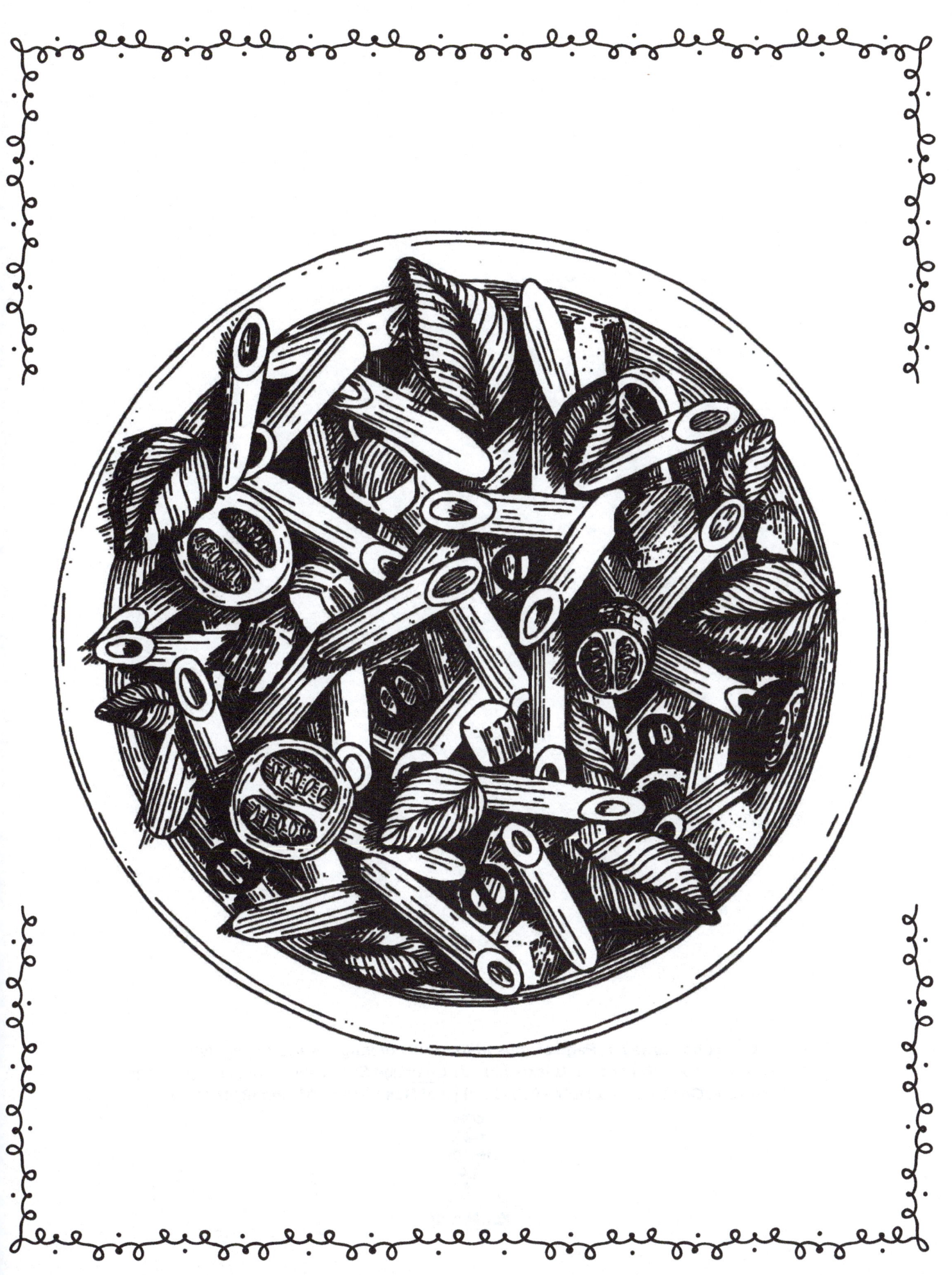

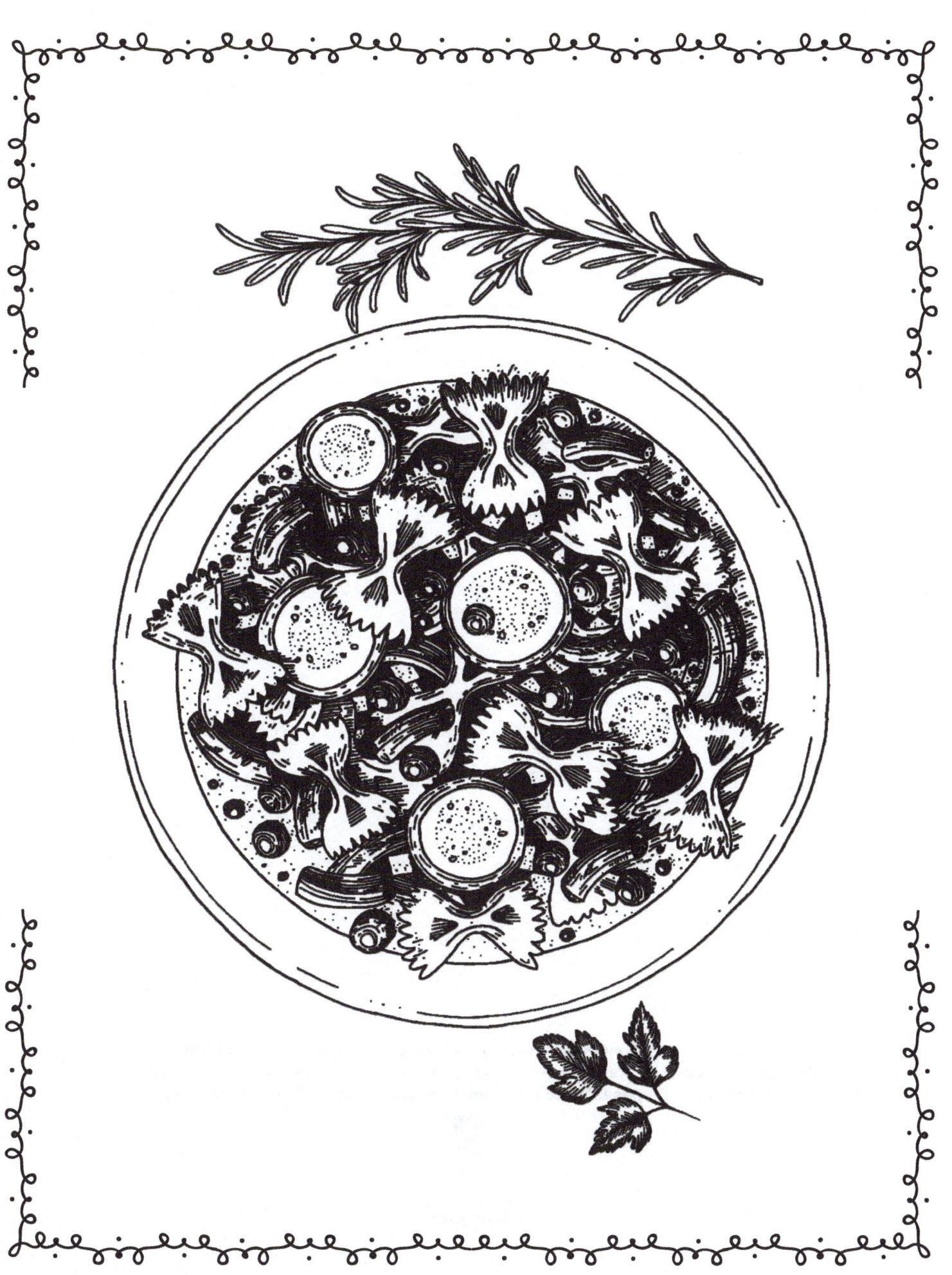

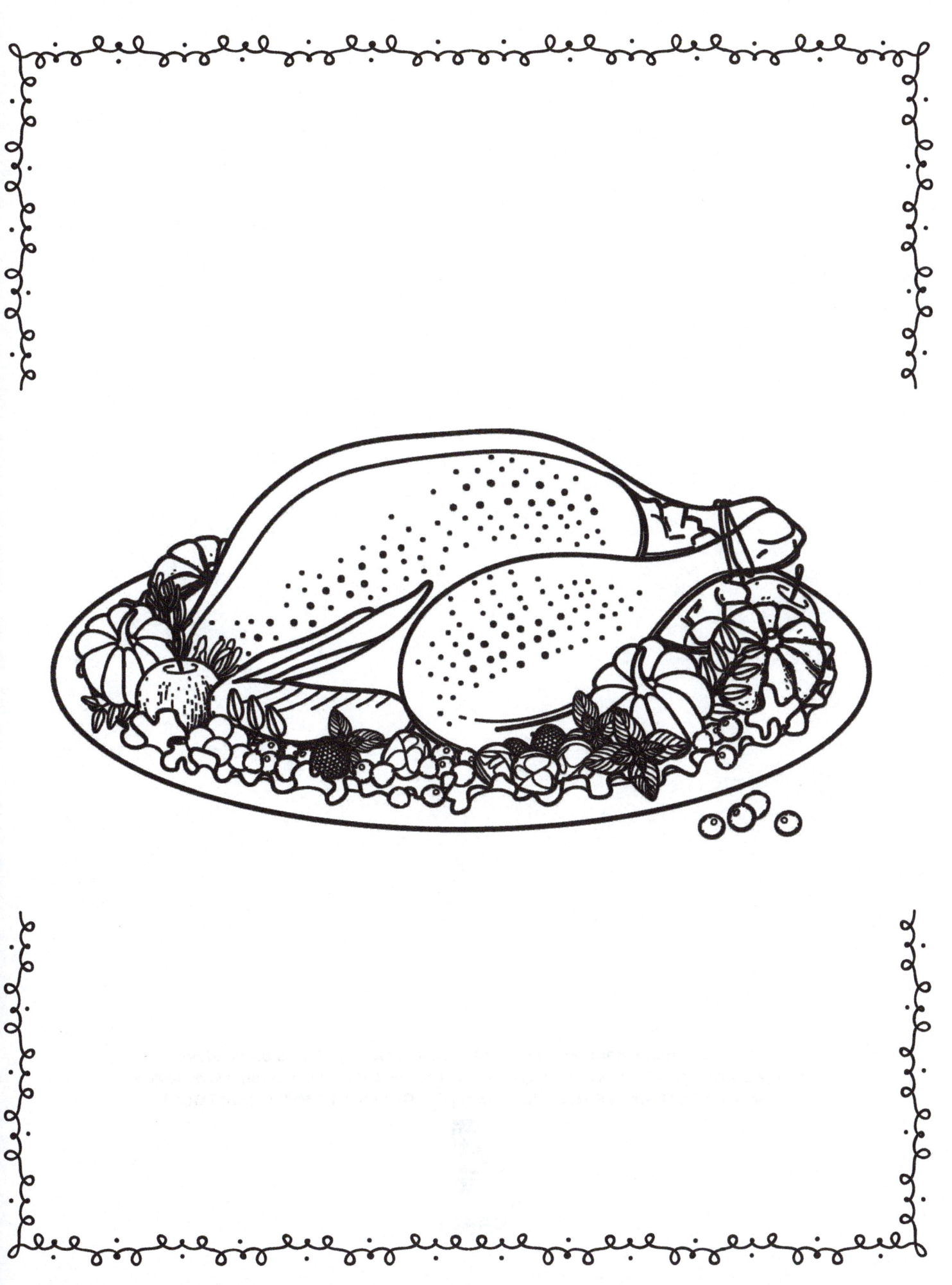

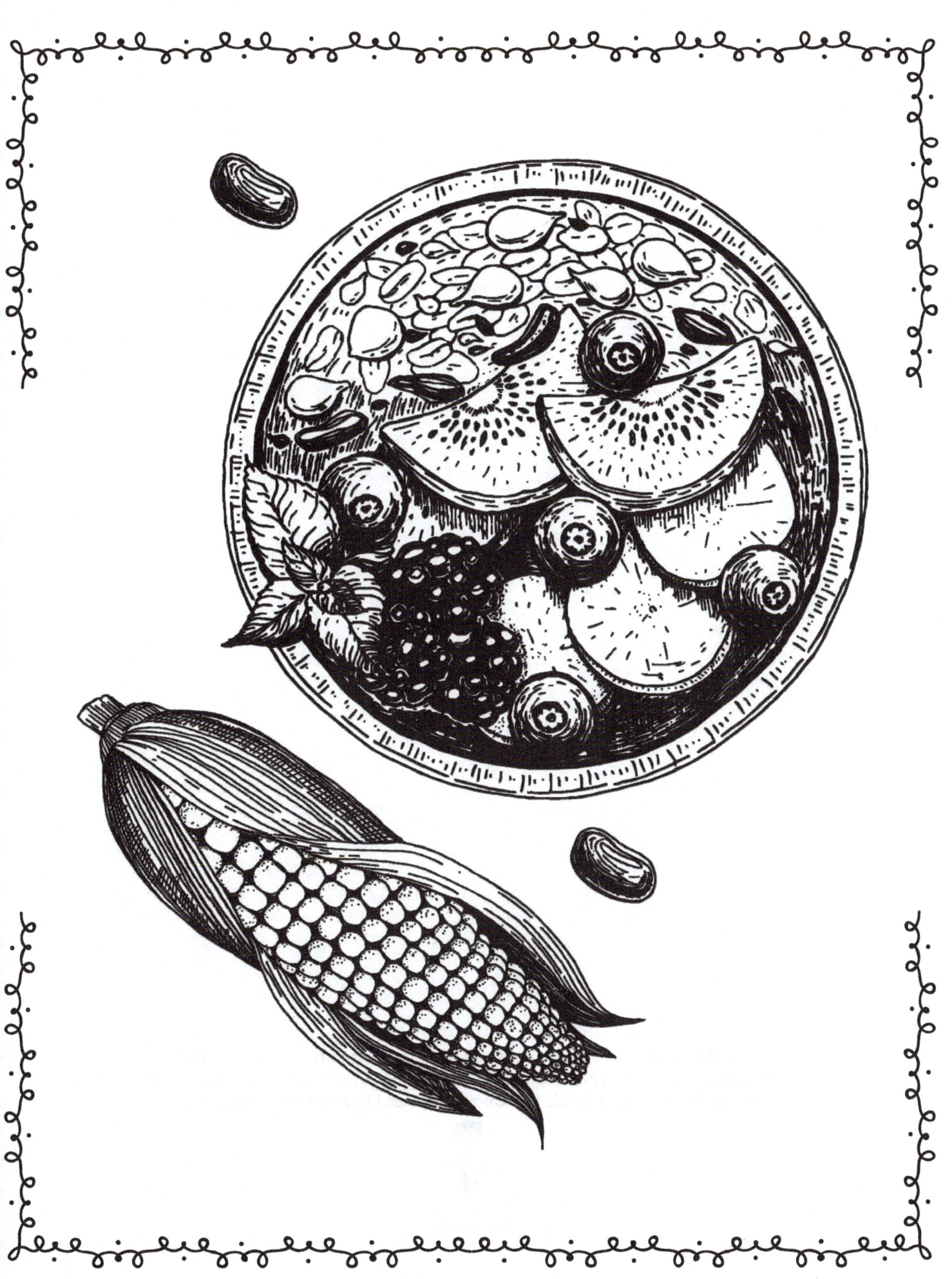

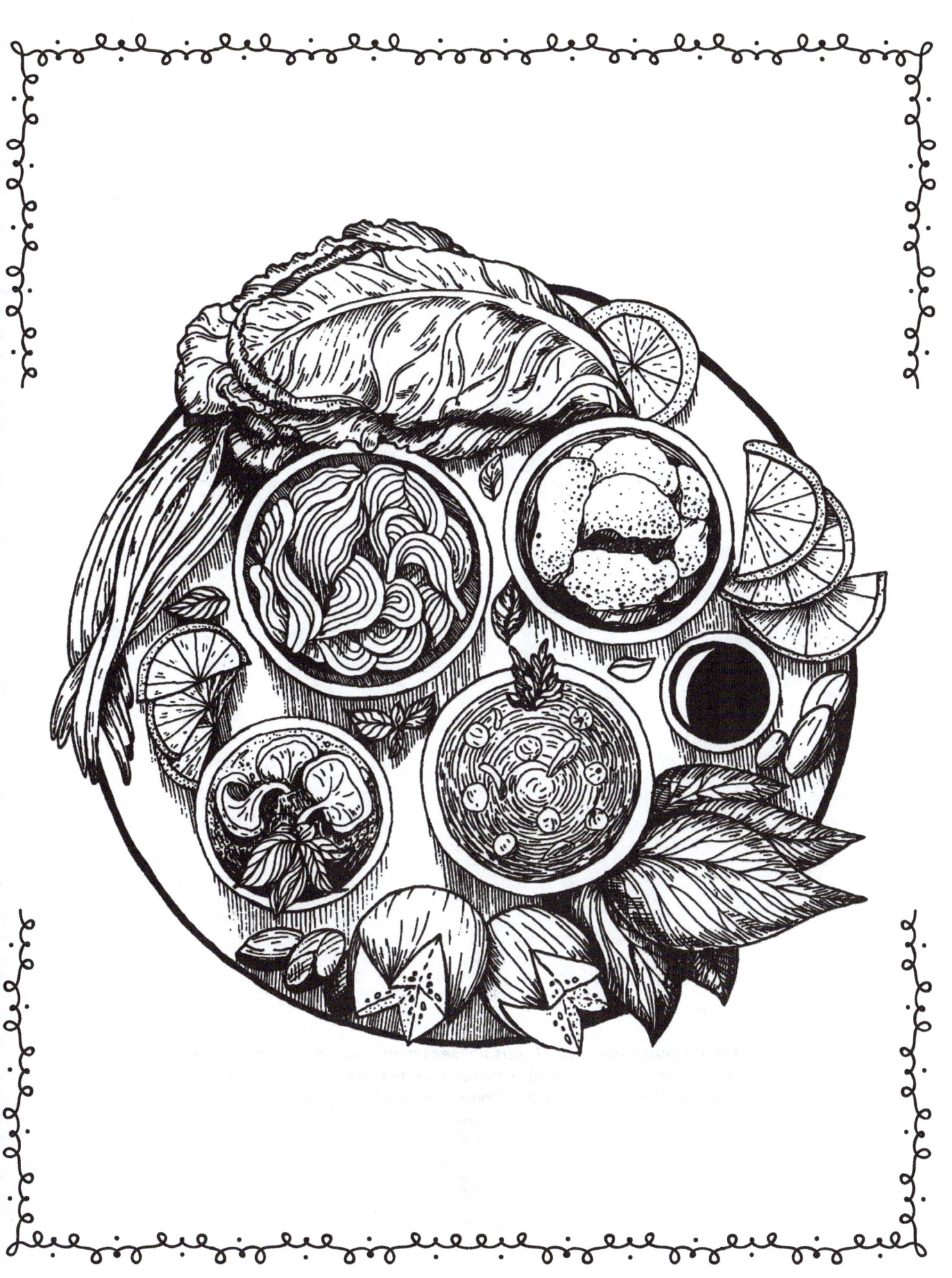

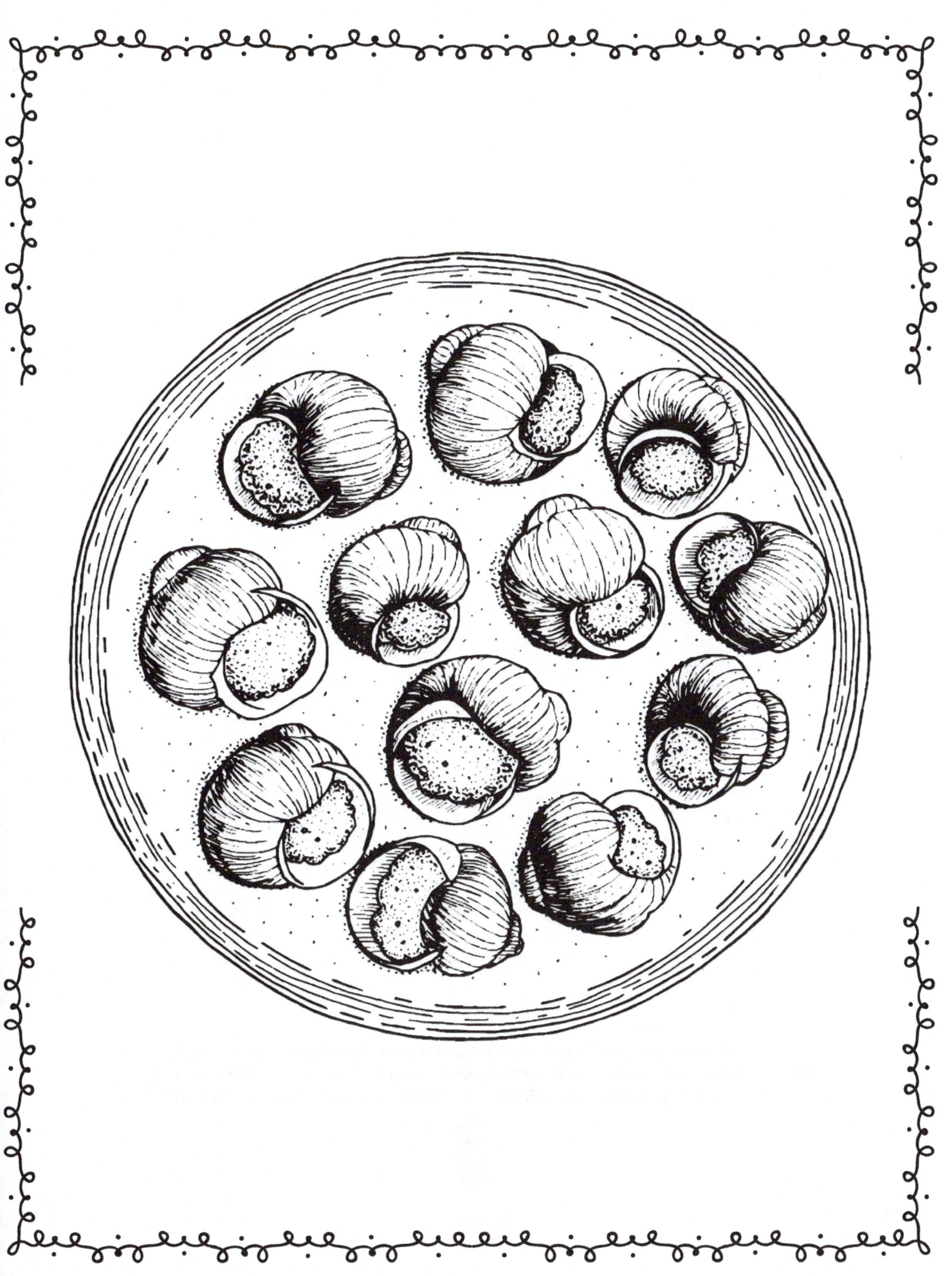

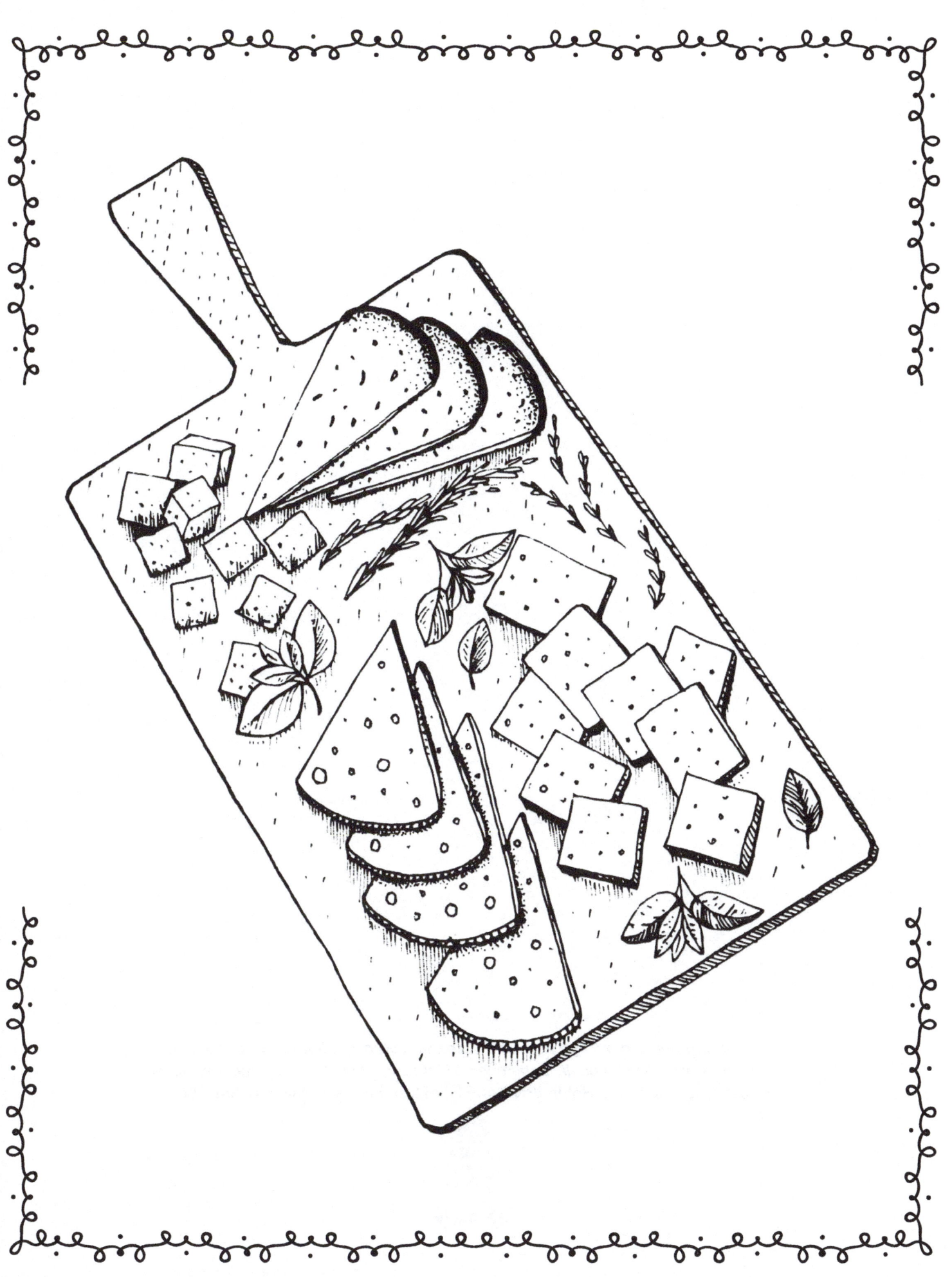

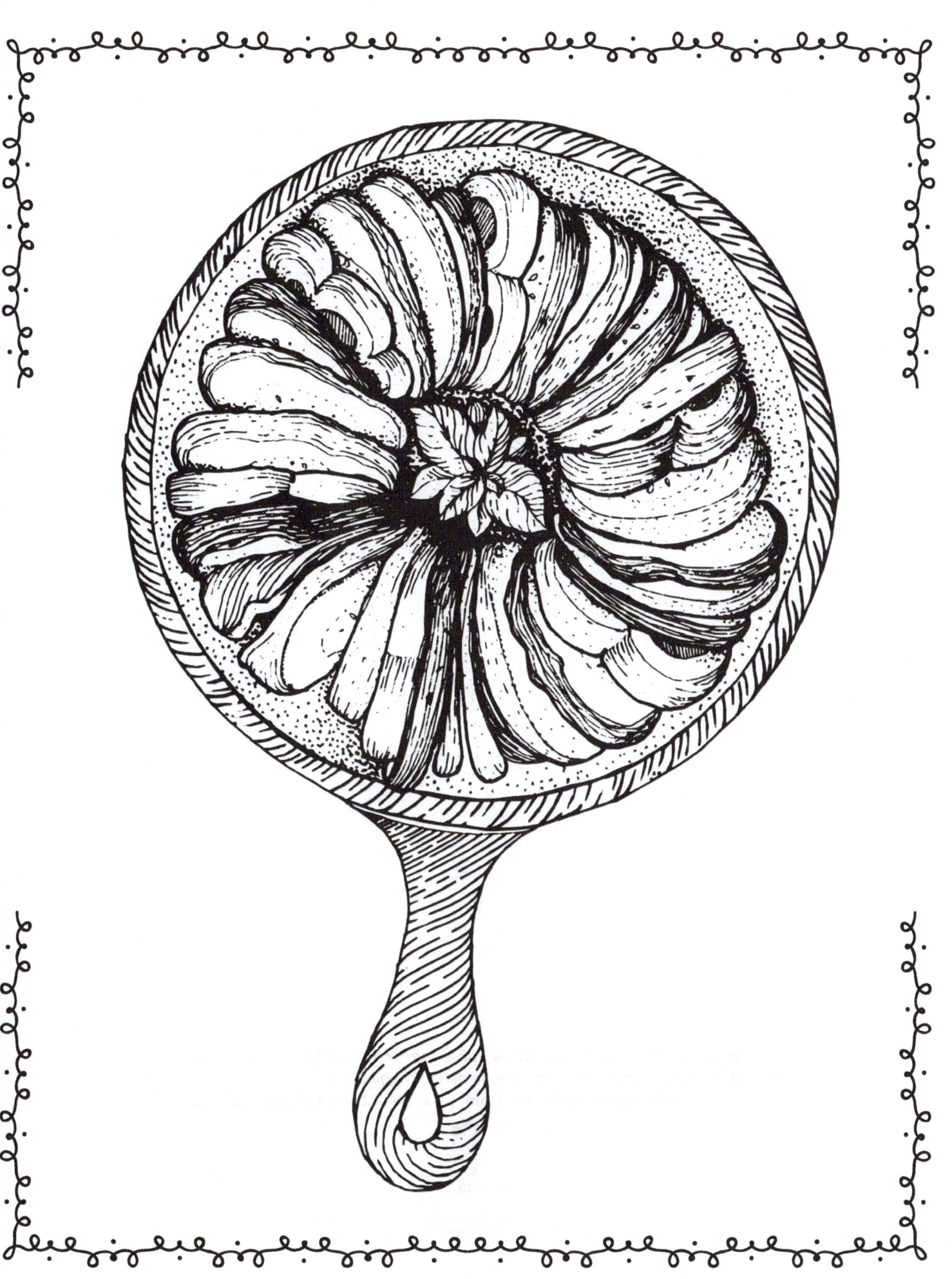

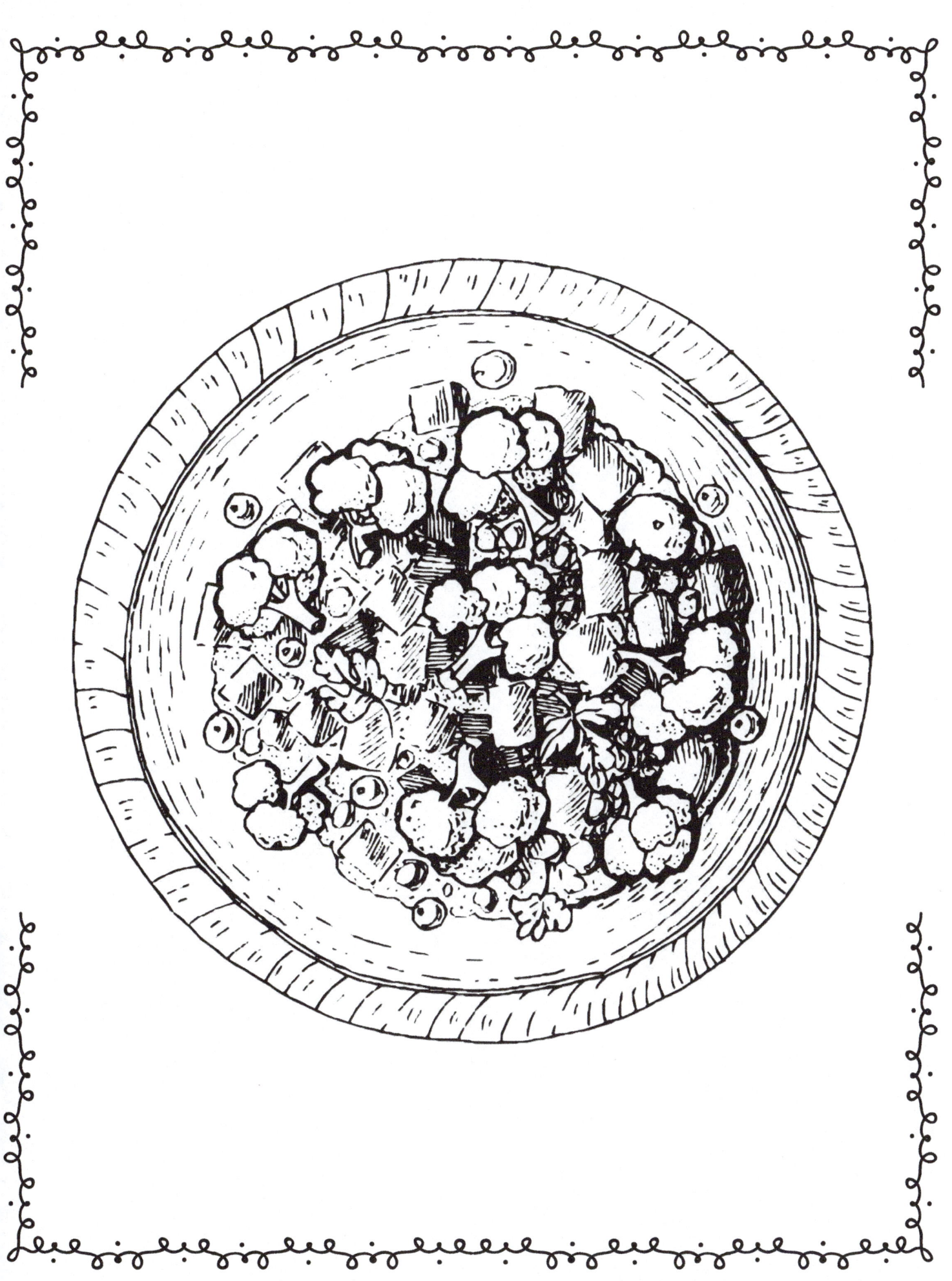

Made in the USA
Monee, IL
07 July 2026